中华优秀传统文化

国际版·第三级

主编：钟雪兰　吴明渠

中国华侨出版社
·北京·

图书在版编目(CIP)数据

中华优秀传统文化:国际版.第三级/钟雪兰,吴明渠主编.—北京:中国华侨出版社,2021.5

ISBN 978-7-5113-8234-4

Ⅰ.①中… Ⅱ.①钟…②吴… Ⅲ.①中华文化—通俗读物 Ⅳ.①K203-49

中国版本图书馆CIP数据核字(2020)第121214号

●中华优秀传统文化:国际版.第三级

主　　编	钟雪兰　吴明渠
责任编辑	高文喆　桑梦娟
封面设计	张雪梅
经　　销	新华书店
开　　本	787毫米×1092毫米　1/16　印张/6.25　字数/65千字
印　　刷	北京天正元印务有限公司
版　　次	2021年5月第1版　2021年5月第1次印刷
书　　号	ISBN 978-7-5113-8234-4
定　　价	28.00元

中国华侨出版社　北京市朝阳区西坝河东里77号楼底商5号　邮编:100028

法律顾问:陈鹰律师事务所

发行部:(010)64443051　　传　真:(010)64439708

网　　址:www.oveaschin.com　　E-mail:oveaschin@sina.com

如发现印装质量问题,影响阅读,请与印刷厂联系调换。

丛书编委会

顾　　问：罗晓辉　　陈来安（马来西亚）
主　　编：吴明渠
副 主 编：袁　文　　薛　涓　　杨　柳　　廖荣超　　吴天宇

本书编写组

主　　编：钟雪兰　　吴明渠
副 主 编：梁　黎　　杨晓斌　　李支德　　朱　林
编写人员：徐彦才　　罗诗香　　刘　青　　陈　霞　　刘　悦　　刘　芳
　　　　　王志文　　邹　琳　　朱　迪　　周丽娜　　邹　盼　　张兴荣
　　　　　罗美惠　　黄海英　　李　焱　　杜芝敏　　范玉江　　郑　艳
　　　　　黄　丹　　罗康云　　叶国洪
绘　　图：张晓军　　韩晓亮

前　言

中华文明是世界上最古老的文明之一，是人类历史上唯一一个绵延 5000 多年至今未曾中断的灿烂文明。为弘扬中华优秀传统文化，我们立足于海外读者的特殊情况和需要，精心选择内容、设计框架，编撰了"中华优秀传统文化·国际版"丛书，丛书具体有以下特点。

一、体系新颖，内容全面

整套丛书共六册。按难易程度划分为六个等级，一册书为一级。每册书又分为 16 章，每四章为一个主题。每章内容固定，包括"国学知识""美德故事""经典诵读""通关检测"四大版块。

1. 国学知识

了解是热爱的前提。我们在每一章给读者介绍一个或一类中华优秀传统文化的内容，具体包括中国风俗、风土、风景、风貌、物产、物品、人物、事件等。分为"神州大地""华夏名人""中华文明""九州风物"四个版块，包含了丰富有趣的传统文化知识，可以说是一个小小的中华优秀传统文化百科知识库。

2. 美德故事

中华传统美德是中华文化的重要内涵。中华文化中，尤其重视对人德行的培养。"德"是指意志品德，"行"是指言行举止。本套丛书中，我们从中华传统美德的内核中提炼出 24 个主题，每个主题分别安排四个有趣的故事，利用故事让读者潜移默化地感受和了解中华美德的魅力。

3. 经典诵读

在这个版块，我们选择适合海外读者诵读的、浅显且经典的诗文：第一级和第二级各有16首古诗。第三级为中国神话故事、寓言故事和历史典故。第四级为歇后语、谚语。第五级为《论语》名句积累，第六级为除《论语》以外的"四书五经"名句积累。这些内容将极大地丰富读者的中华文学经典积累。

4. 通关检测

通关检测则是对各章学习内容的一个检测，也是需要读者重点掌握的内容。

二、形式活泼多样，激发读者学习热情

1. 巧设评价，让学习有章可循

"通关检测"，设计了"猜一猜""填一填""连一连"等有趣的活动，对学过的知识进行复习回顾，实现迁移运用，把知识积累与能力培养相结合。

2. 增设故事、典故，增强阅读趣味性

故事，是大部分读者最喜欢的阅读形式，整套书有100多个有趣的小故事。大量的故事，增强了这套书的可读性、趣味性。

3. 抓住读者心理，设计温馨细节

这套书最大的一个亮点就是全书设计了200多个"剪贴板"，这些"剪贴板"既能对主体内容进行补充，又能更好地帮助读者理解内容。这些"剪贴板"形式多样，有提问，有方法，有总结，起到激发兴趣，促进学习的作用。

除了精美的插图，我们还温馨地设计了页码娃娃：单数页是男娃娃在左，双数页是女娃娃在右。契合了男单女双、男左女右的中华传统文化理念，活泼的形象更是受到孩子们的热烈欢迎。

此外，我们还在每册书最后增设了附录，补充了近300个各类传统文化知识，让学有余力的读者能获取更多的中华优秀传统文化知识，更加丰富读者的文化积淀。

中华优秀传统文化源远流长、博大精深，让中华文化走向世界舞台，促进世界多元文化交流互鉴，这是我们共同的心愿。

目　录

第一章

国学知识（神州大地——九寨沟、桂林山水）…………… 01
美德故事（立志——陆羽弃佛从文）………………………… 03
经典诵读（神话故事——盘古开天）………………………… 04
通关检测………………………………………………………… 05

第二章

国学知识（神州大地——张家界、喀纳斯湖）……………… 06
美德故事（立志——玄奘立志求佛）………………………… 08
经典诵读（神话故事——女娲造人）………………………… 09
通关检测………………………………………………………… 10

第三章

国学知识（神州大地——黄果树瀑布、雅鲁藏布大峡谷）… 11
美德故事（立志——范仲淹立鸿鹄之志）…………………… 13
经典诵读（神话故事——夸父逐日）………………………… 14
通关检测………………………………………………………… 15

第四章

国学知识（神州大地——红河哈尼梯田、稻城亚丁）……… 16
美德故事（立志——志当存高远）…………………………… 18
经典诵读（神话故事——精卫填海）………………………… 19
通关检测………………………………………………………… 20

第五章

国学知识（华夏名人——扁鹊）............ 21

美德故事（明辨——两小儿辩日）............ 22

经典诵读（寓言故事——画蛇添足）............ 23

通关检测............ 24

第六章

国学知识（华夏名人——华佗）............ 25

美德故事（明辨——邹忌比美）............ 26

经典诵读（寓言故事——亡羊补牢）............ 27

通关检测............ 28

第七章

国学知识（华夏名人——李时珍）............ 29

美德故事（明辨——齐威王召见即墨大夫）............ 30

经典诵读（寓言故事——守株待兔）............ 31

通关检测............ 32

第八章

国学知识（华夏名人——宋慈）............ 33

美德故事（明辨——三人成虎）............ 34

经典诵读（寓言故事——滥竽充数）............ 35

通关检测............ 36

第九章

国学知识（中华文明——梅、兰）............ 37

美德故事（向善——及时行善）............ 39

经典诵读（寓言故事——揠苗助长）............ 40

通关检测 …………………………………………………… 41

第十章

国学知识（中华文明——竹、菊）………………………… 42

美德故事（向善——李江送瓜）…………………………… 44

经典诵读（寓言故事——刻舟求剑）……………………… 45

通关检测 …………………………………………………… 46

第十一章

国学知识（中华文明——龙、凤）………………………… 47

美德故事（向善——范仲淹教子扶危）…………………… 49

经典诵读（寓言故事——郑人买履）……………………… 50

通关检测 …………………………………………………… 51

第十二章

国学知识（中华文明——麒麟、龟）……………………… 52

美德故事（向善——一毫之善）…………………………… 54

经典诵读（寓言故事——买椟还珠）……………………… 55

通关检测 …………………………………………………… 56

第十三章

国学知识（九州风物——零点放炮）……………………… 57

美德故事（正直——包拯吃鱼）…………………………… 58

经典诵读（历史典故——退避三舍）……………………… 59

通关检测 …………………………………………………… 60

第十四章

国学知识（九州风物——饺子包硬币）…………………… 61

美德故事（正直——包拯大义灭亲） …………………………… 62

经典诵读（历史典故——破釜沉舟） …………………………… 63

通关检测 …………………………………………………………… 64

第十五章

国学知识（九州风物——年年有"鱼"） …………………………… 65

美德故事（正直——强项令） …………………………………… 66

经典诵读（历史典故——望梅止渴） …………………………… 67

通关检测 …………………………………………………………… 68

第十六章

国学知识（九州风物——拜年带橘子） ………………………… 69

美德故事（正直——不畏强权的海瑞） ………………………… 70

经典诵读（历史典故——完璧归赵） …………………………… 71

通关检测 …………………………………………………………… 72

附录

中国的楼台 ………………………………………………………… 73

中国的桥梁 ………………………………………………………… 74

中国的园林 ………………………………………………………… 75

中国的古塔 ………………………………………………………… 76

中国的文豪 ………………………………………………………… 77

中国古典音乐 ……………………………………………………… 81

中国文字演变 ……………………………………………………… 82

中国古代六艺 ……………………………………………………… 84

中国地方特产 ……………………………………………………… 86

第一章

国学知识

中国地大物博，奇山秀水数不胜数。中国的许多风景名胜地都扬名世界，很多还被列入世界遗产名录。

神州大地

九寨沟

九寨沟位于四川省阿坝藏族羌族自治州九寨沟县境内，因沟内有树正寨、荷叶寨、则查洼寨等九个藏族村寨坐落在这片高山湖泊群中而得名。这九个寨子又被称为"何药九寨"。你知道吗？九寨沟属于世界自然遗产，它还是中国第一个以保护自然风景为主要目的的自然保护区。

"九寨归来不看水"是对九寨沟景色的高度赞美。神奇的九寨，被世人誉为"童话世界"，号称"水景之王"。关于九寨沟的水景，有一个美丽的传说。山神达戈热恋美丽的女神沃诺色嫫，达戈便用风和云磨成一面宝镜送给女神。女神满心欢喜，却不慎将宝镜跌破为108个碎片。镜子碎片掉落到地面，化为108个海子（高原湖泊），成为九寨沟的著名景观。

桂林山水

　　桂林是世界著名的风景游览城市，位于中国广西壮族自治区。桂林山水是典型的喀斯特地貌，有浩瀚苍翠的原始森林，雄奇险峻的峰峦幽谷，激流奔腾的溪泉瀑布，天下奇绝的高山梯田……这里的山，平地而起，千姿百态。漓江的水，蜿蜒曲折，明洁如镜。很多山都有溶洞，洞幽景奇。洞中有怪石，鬼斧神工，琳琅满目，于是形成了"山清、水秀、洞奇、石美"的桂林"四绝"。因此自古就有"桂林山水甲天下"的美誉。

　　"象鼻山"是桂林山水中最著名的景点之一，是由3.6亿年前海底沉积的石灰岩形成的，远远看去真的很像一头大象把鼻子伸入水中，这里也是桂林旅游的标志性景点。此外，桂林著名景点还有叠彩山，因山上石层横断间层层如绸缎相叠而得名。叠彩山主峰是"明月峰"，在峰顶俯览群山，可见山中岩石层层相叠，山花竞相怒放，让人感慨此山不愧为"叠彩"。

美德故事

立志

立志就是立下志向，树立志向，并且为自己的志向而付出努力。

陆羽弃佛从文

唐朝著名学者陆羽，从小是个孤儿，被智积禅师抚养长大。陆羽虽然生活在庙中，却不愿终日诵经念佛，而是喜欢吟读诗书。为了做自己喜欢的事，学习自己想学的知识，陆羽执意下山求学，但遭到了禅师的反对。

智积禅师为了给陆羽出难题，同时也为了更好地教导他，便叫他学习冲茶。在钻研茶艺的过程中，陆羽不仅学会了复杂的冲茶技巧，还学会了不少读书和做人的道理。当陆羽将一杯热气腾腾的苦丁茶端到禅师面前时，禅师终于答应他下山读书的要求。

后来，陆羽撰写了广为流传的《茶经》，将中国的茶艺文化发扬光大。

《茶经》是中国乃至世界现存最早、最完整、最全面介绍茶的第一部专著，被誉为茶叶百科全书。

盘古开天

在中国神话传说中，人类还没有出现的时候，只有一个叫盘古的巨人在这混沌之中沉睡了一万八千年。有一天，盘古突然醒了。他见周围一片漆黑，就抡起大斧头，朝四周猛劈过去。只听一声巨响，混沌一片的东西渐渐分开了。轻而清的东西，缓缓上升，变成了天；重而浊的东西，慢慢下沉，变成了地。

盘古怕它们还会合在一起，就头顶着天，脚踏着地。天每天升高一丈，地每天增厚一丈，盘古也每天长高一丈。

天和地逐渐成形了，盘古也累得倒了下去。他呼出的气息，变成了风和云；他发出的声音，化作了隆隆的雷声。他的双眼变成了太阳和月亮；他的四肢，变成了大地上的东、西、南、北四极；他的血液，变成了奔流不息的江河……

"盘古开天"是一个关于宇宙形成的神话故事，比喻历史的开端。

通关检测

1. 九寨沟位于中国的（　　）。
   A. 北京　　B. 四川　　C. 上海　　D. 福建

2. 九寨沟的景色以（　　）闻名世界。
   A. 山　　B. 水　　C. 建筑　　D. 森林

3. 在中国神话传说中，（　　）开天辟地。
   A. 女娲　　B. 盘古　　C. 精卫　　D. 后羿

第二章

国学知识

神州大地

张家界

张家界位于中国湖南省西北部，原名"大庸市"，自古就被人们看作"人间仙境"。

张家界国家森林公园即位于张家界市境内，这里峰林地貌非常罕见，有奇峰3000多座，如人如兽、如器如物，形象逼真，气势壮观，有"三千奇峰，八百秀水"之美称。1992年12月，其因奇特的石英砂岩大峰林，被联合国列入《世界自然遗产名录》，后来又被列为世界地质公园。张家界因其险峻、秀美，成为中国著名的旅游地。

张家界冬无严寒，夏无酷暑，四季均适合游览，游览最佳时间是每年的4—10月。湖南是一个旅游资源丰富的省份，除了张家界的自然风光，你还可以去体验凤凰古镇的古色古香，去感受岳阳楼的文化底蕴。

喀纳斯湖

喀纳斯湖位于中国新疆维吾尔自治区阿勒泰地区布尔津县北部，这里湖光山色美不胜收，被誉为"人间仙境、神的花园"。

喀纳斯湖景区由高山、河流、森林、湖泊、草原等奇异的自然景观和成吉思汗西征军点将台、古代岩画等历史文化遗迹组成。这里有驼颈湾、变色湖、卧龙湾、观鱼台等主要景点，具有极高的旅游观光、自然保护、科学考察和历史文化价值。

喀纳斯湖有几大奇观，一是千米枯木长堤，是因喀纳斯湖中的浮木被强劲谷风吹着逆水上漂，在湖上游堆聚而成。二是关于喀纳斯湖一直有"水怪"的传说。传说湖中有巨型"水怪"，常常将在湖边饮水的马匹拖入水中，给喀纳斯平添了几分神秘色彩，也有人认为是当地特产的一种大红鱼（哲罗鲑）在作怪。三是雨过天晴时才有的奇景——喀纳斯云海佛光。

美德故事

立志

玄奘立志求佛

玄奘是中国唐朝时期著名的僧人，他11岁就熟读很多经书。后来他知道天竺（今天的印度）有更为著名的佛经，于是决心往印度求法。

贞观初年，玄奘从长安出发，混在返回西域的客商中，出玉门关独自西行。由天山南路横穿新疆，越过葱岭，通过中亚，经过两年时间，步行12000千米，穿越108个国家，于贞观二年（628年）夏末到达天竺西北部。后来他又沿一条由西向东的路线，参谒访问了恒河流域著名的佛教圣地和许多高僧。贞观五年（631年）末，到达摩揭陀国，来到那烂陀寺跟随主持学习佛法。

贞观十九年（645年）正月，玄奘带着657部佛经回到长安。唐太宗派宰相房玄龄等出城迎接，长安成千上万的老百姓走出房门欢迎他。唐太宗在洛阳行宫召见了他，他向太宗介绍了西域及天竺见闻。

后来，他回到长安开始翻译佛经，19年间共译出佛经75部1335卷。

对于今天的人们来说，玄奘不仅仅是一位佛教徒，还是伟大的翻译家、大探险家、大外交家、地理学家。

玄奘还根据他求佛的旅途见闻，写了一本《大唐西域记》，记载亲历的110国、传闻的28国的方位、道里、疆域、城市、人口、风俗人情、名胜古迹、历史人物、传说故事，是研究这些地区历史的重要材料。现在《大唐西域记》已译成数国文字，成为一部世界名著。

女娲造人

在中国神话传说中，创世女神女娲觉得天地间空空荡荡的，就用泥土揉成一个娃娃模样的小东西。这个泥捏的小家伙，刚一接触地面，就活了起来，开口就喊："妈妈！"女娲满心欢喜，眉开眼笑，她给这个孩子取了名字，叫作"人"。

她想让"人"布满大地，但是一个个地捏泥团又累又慢，她想出了一个绝妙的方法：从崖壁上拉下一条枯藤，伸入一个泥潭里，搅浑了浑黄的泥浆，向地面这么一挥洒，泥点儿溅落的地方，就出现了许多小小的叫着跳着的人儿。

"女娲"是中国上古神话中的创世女神，她开世造物，被称为"大地之母"。女娲造人是古人用神话的形式解释人类的诞生。

通关检测

1. 张家界位于中国（　　）。
   A. 广州　　B. 四川　　C. 湖南　　D. 福建

2. 张家界的景色以（　　）闻名世界。
   A. 奇峰　　B. 云海　　C. 建筑　　D. 温泉

3. 在中国神话传说中，（　　）创造了人类。
   A. 女娲　　B. 盘古　　C. 伏羲　　D. 大禹

第三章

国学知识

神州大地

黄果树瀑布

黄果树瀑布位于中国贵州省安顺市，是中国最大的瀑布，也是世界著名的大瀑布之一。黄果树瀑布，古称白水河瀑布，因本地广泛分布着"黄葛榕"而得名。黄果树瀑布以水势浩大著称，瀑布高77.8米，宽101米。

黄果树的神龙洞被当地人尊为"神洞"。关于"神洞"，流传着这样一个古老的传说。大约在一千年前，当地土著居民被困洞中，正当绝望之际，一位土著少年发现了洞内有尊达摩像，他立刻向达摩跪拜，诚心祈福。忽然洞内天摇地动、巨石坠落，在达摩的侧面出现了一个出口，所有人得以逃生。从那以后，当地居民经常到洞口膜拜。

雅鲁藏布大峡谷

雅鲁藏布大峡谷主体位于中国西藏自治区林芝市墨脱县，是地球上最深的峡谷。全长504.6千米，最深处6009米，平均深度可达2268米，是不容置疑的世界第一大峡谷。

雅鲁藏布大峡谷具有从高山冰雪带到低河谷热带季雨林等九个垂直自然带，是世界山地垂直自然带最齐全、完整的地方。这里汇集了许多生物资源，包括青藏高原已知高等植物种类的三分之二、已知哺乳动物的二分之一、已知昆虫的五分之四，以及中国已知大型真菌的五分之三，堪称世界之最。

雅鲁藏布大峡谷里最险峻、最核心的地段，是从白马狗熊往下长约近百千米的河段，峡谷幽深，激流咆哮，至今还无人能够通过，其艰难与危险，堪称"人类最后的秘境"。雅鲁藏布大峡谷第一大拐弯位于派镇转运站与直白村之间，江水自西向东奔腾，在大拐弯处被山体阻挡转而向南，做180°转弯后继续向东奔去，整个形状呈一个大"U"形。

美德故事

立志

范仲淹立鸿鹄之志

宋朝的范仲淹从小就立下远大的志向。有一次,他看到一位算命先生,于是便问这个算命先生说:"你帮我看一看,我能不能当宰相?"这位算命先生被吓了一跳,一个小孩子居然一开口就说要当宰相。于是便跟范仲淹说:"小小年纪,怎么口气这么大?"后来范仲淹有点不好意思,接着又跟他说:"不然这样好了,你再看看,我能不能当大夫?"算命先生有一点纳闷,志愿怎么差这么多,就问他:"你为什么挑这两个志愿?"范仲淹就回答:"因为只有良相跟良医可以救人。"

算命先生听完之后很感动,这个孩子心心念念想着救人,所以马上就跟范仲淹说:"你有这一颗心,叫真正的宰相之心,所以你以后一定可以当宰相。"

范仲淹后来成为北宋杰出的思想家、政治家、文学家。他倡导的"先天下之忧而忧,后天下之乐而乐"思想和仁人志士节操,对后世影响深远。

夸父逐日

传说以前有一个擅长奔跑的民族叫夸父族，他们的首领叫夸父，他喜欢将捉到的黄蛇挂在自己的耳朵上。

有一年，发生了大旱灾。太阳烤焦了庄稼，晒干了河水。夸父气急了，发誓要把太阳摘下来。太阳见夸父真发火了，就快速向西落去，夸父拔脚就追。

夸父追了九天九夜，离太阳越来越近。太阳像一团火球，烤得夸父口干舌燥。他跑到黄河去喝水，黄河的水不够喝，他又赶到渭河，渭河的水也喝干了，还是不解渴。他又往北方的大湖赶，可还没来得及赶到大湖，就在半路上渴死了。他手里落下的拐杖变成了一片桃树林，身体变成了一座大山，被人们称为"夸父山"。

夸父拼命追赶太阳，比喻人有大志，也比喻不自量力。夸父逐日反映了夸父胸怀大志、英勇顽强的精神，寄托了古代先民探索自然、征服自然的强烈愿望和顽强的意志。

1. 黄果树瀑布位于中国（　　）。
A. 贵州　　B. 四川　　C. 山东　　D. 广西

2. 在中国传说中，追逐太阳的是（　　）。
A. 燧人氏　　B. 盘古　　C. 夸父　　D. 大禹

第四章

国学知识

神州大地　　红河哈尼梯田

红河哈尼梯田位于中国云南省南部，总面积约 100 万亩，仅元阳县境内就有 17 万亩梯田。元阳梯田是红河哈尼梯田的核心区，位于元阳县的哀牢山南部，是哈尼族人世世代代留下的杰作。红河哈尼族开垦的梯田随山势地形变化，坡缓、地大则开垦大田，坡陡、地小则开垦小田，甚至沟边坎下石隙也开田，因而梯田大者有几千平方米，小者不足一平方米。

哈尼族古老的《天、地、人的传说》中说：大鱼创造了宇宙天地和第一对人，男人叫直塔，女人叫塔婆。塔婆生下 22 个娃，其中老三是龙，龙长大以后到海里当了龙王，为感激塔婆的养育之恩，向塔婆敬献了盛有稻谷种的竹筒，人们开始种植稻谷。哈尼族是最早驯化野生稻的民族之一，他们认为自开天辟地以来便有了稻子。

稻城亚丁

　　稻城亚丁风景区位于四川省甘孜藏族自治州南部稻城县境内，主要由仙乃日、央迈勇、夏诺多吉三座山和周围的河流、湖泊及高山草甸组成。它的景致保持着在地球上近乎绝迹的纯粹，因其独特的地貌和原生态的自然风光，被誉为"中国香格里拉之魂""水蓝色星球上的最后一片净土"。

　　亚丁，藏语意为"向阳之地"。稻城亚丁的三大雪山，被视为守护亚丁藏民的神山。雪山被五彩的森林映衬着，这样的美景在稻城亚丁随处可见，这便是传说中的香格里拉，这便是让你犹如走进一幅油画一般的仙境。稻城亚丁还有三个著名的海子——牛奶海、五色海、珍珠海，是由高山雪水汇成的湖泊。这一切的一切都让人流连忘返。

美德故事
立志

志当存高远

宋代文学家柳开自幼喜欢文学,仰慕唐代文学家韩愈、柳宗元的文风,因而自己改名为肩愈,字绍元,立下要与韩愈比肩和绍承柳宗元的志向。

柳开立定志向以后,每天用功诵读这两位唐代大文豪的作品,不但把他们的文章熟读成诵,而且逐字逐句体会文章的意思,揣摩篇章结构的奥妙。经过不断努力,他先后受到了知府王祐和著名作家杨昭俭、卢多逊等人的赏识。他们都夸奖他的文章写得好,具有"韩柳遗风"。那时柳开还不到20岁,说明他在青年时代就已成才了。

后来柳开的文章越写越好,一扫五代十国时期的柔弱文风,开创了北宋诗文革新运动的风气。因此,他被人们称许为"开古圣贤之道""开今人之耳目"的文章大师。

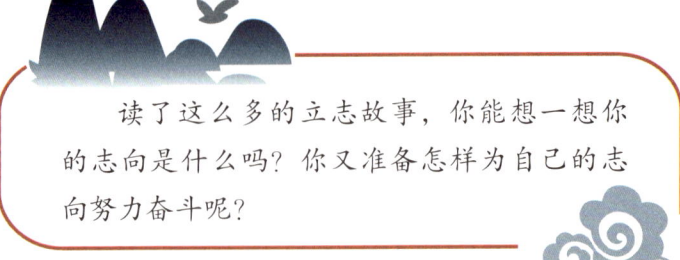

读了这么多的立志故事,你能想一想你的志向是什么吗?你又准备怎样为自己的志向努力奋斗呢?

精卫填海

相传炎帝有一个女儿名叫女娃。炎帝经常不在家,总是忙于公事,不能带她去看大海。有一天,女娃瞒着父亲,独自一人驾着一艘小船向东海太阳升起的地方划去。不幸的是,女娃还没有看到日出,海上就突然刮起了狂风,海浪打翻了小船,女娃掉入海中,被无情的海水吞没。

女娃死后,十分不甘心。于是,她的魂灵化作小鸟,头上的野花化作小鸟脑门的花纹,脚上的小红鞋变成了小鸟的红爪。女娃变成的小鸟用嘴衔着小树枝和碎石扔进海里,发誓要填平东海!因为她常常发出"精卫、精卫"的鸣叫,人们便把这鸟称为"精卫"。

"精卫填海"表现古代劳动人民探索自然、征服自然、改造自然的强烈愿望和持之以恒、艰苦奋斗的精神。比喻人坚持不懈、意志坚定。

通关检测

1.红河哈尼梯田位于中国（　　）。
A.河南　　B.云南　　C.湖南　　D.海南

2.在中国神话传说中，（　　）想填大海。
A.女娲　　B.精卫　　C.嫦娥　　D.大禹

第五章

国学知识 华夏名人

中医一般指以中国汉族劳动人民创造的传统医学为主的医学。中华上下五千年，在漫漫历史长河中，有数不清的中医名家造福一方百姓，惠及后世子孙，为世人津津乐道。

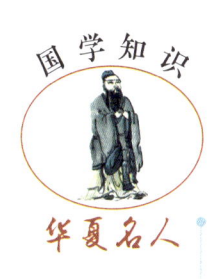

扁 鹊

春秋战国时期有个神医叫扁鹊。有一次，扁鹊去见蔡桓公，他看了看蔡桓公，说："您的皮肤纹理间有些小病，不医治恐怕会加重。"蔡桓公说："我没有病。"

过了十天，扁鹊再次去见蔡桓公，说："您的病现在已经在肌肉里了，不及时医治恐将会更加严重。"蔡桓公仍旧不理睬他。

又过了十天，扁鹊再一次见到蔡桓公，说："您的病现在在肠胃里了，不及时治疗将要更加严重。"蔡桓公还是不以为然。

又过了十天，扁鹊远远地看见蔡桓公，掉头就跑。蔡桓公就派人问他。扁鹊说："小病在皮肤纹理间，烫熨能医好；病在肌肉里，用针灸可以治好；病在肠胃里，用火剂汤可以治好；病在骨髓里，那是司命神管辖的事情了，大夫是没有办法医治的。"

过了五天，蔡桓公身体疼痛，派人寻找扁鹊，这时扁鹊已经逃到秦国了。没多久，蔡桓公就病死了。

人们把蔡桓公隐瞒疾病，不愿医治的事情总结成成语"讳疾忌医"，后来也比喻掩饰缺点错误，不愿承认过失。

美德故事

明辨 就是明确地分辨。我们要做一个勤于思考、善于分辨的人。

明 辨

两小儿辩日

孔子到东方游历，路途中看见两个小孩在激烈地争论，就问他们在辩论什么。

一个小孩说："我认为太阳刚出来时距离人近，而正午时距离人远。"另一个小孩却认为太阳刚出来时离人远，而正午时离人近。前一个小孩说："太阳刚出来时大得像车上的篷盖，等到正午时就像盘子碗口那样小，这不正是远的显得小而近的显得大吗？"另一个小孩说："太阳刚出来时清清凉凉，等到正午时就热得像把手伸进热水里一样，这不正是近的就觉得热，远的就觉得凉吗？"

孔子听了，不能判断谁是谁非。两个小孩嘲笑说："谁说您的知识渊博呢？"

你能判断两个小孩谁说的是正确的吗？为什么？

画蛇添足

古时候,楚国一家人祭祖之后,准备将祭祀用的一壶酒,赏给帮忙办事的人喝。帮忙办事的人很多,大家都不知道这一壶酒到底怎么分。

这时有人建议:每个人在地上画一条蛇,谁画得快,这壶酒就给谁喝。大家都同意这样做。于是,大家便在地上画起蛇来。

有个人画得很快,他最先画好了,于是就端起酒壶正要喝酒。但是他看见别人都还没有画好。他扬扬得意地说:"你们画得好慢啊!我再给蛇画几只脚也不算晚呢!"于是,他便左手提着酒壶,右手给蛇画起脚来。

正在他一边给蛇画脚,一边说话时,另一个人已经画好了。那个人马上把酒壶从他手里夺过去,说:"你见过蛇吗?蛇是没有脚的,你为什么要给它添上脚呢?所以第一个画好蛇的人不是你,而是我了!"

那个人说罢就仰起头来,咕咚咕咚把酒喝了下去。

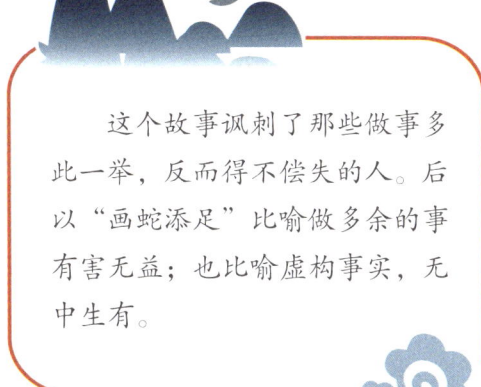

这个故事讽刺了那些做事多此一举,反而得不偿失的人。后以"画蛇添足"比喻做多余的事有害无益;也比喻虚构事实,无中生有。

通关检测

1. 人们把蔡桓公隐瞒疾病，不愿医治的事情写成成语（　　）。
A. 病入膏肓　　　B. 退避三舍
C. 讳疾忌医　　　D. 揠苗助长

2. 扁鹊是中国古代（　　）时期的神医。
A. 春秋战国　　B. 唐朝　　C. 宋朝　　D. 明朝

3. 寓言（　　）讽刺了那些做事多此一举，反而得不偿失的人。
A. 揠苗助长　　　B. 画蛇添足
C. 叶公好龙　　　D. 亡羊补牢

第六章

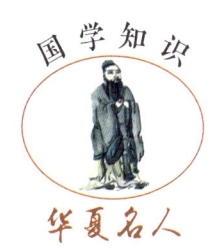

国学知识
华夏名人

华 佗

大家听说过《三国演义》里关羽刮骨疗毒的故事吗？在医疗不发达的古代，做外科手术的难度极高，而且很疼，很多人会被活活疼死。人们就想，能不能研究出一种药物，让做手术的病人感觉不到疼痛。有一位医生也一心想研制出这样的药物，他就是东汉末年的著名医学家——华佗。

华佗到处走访名医，收集具有麻醉作用的药物，经过多次不同配方的炮制，终于把麻醉药试制成功。他把麻醉药和热酒配制，使患者服下，待病人失去知觉后，再动刀进行外科手术，最后用桑皮线缝合，涂上膏药，一月便可康复，华佗把这种麻醉剂命名为"麻沸散"。

华佗不仅善于治病，还特别提倡养生之道。他创编了一种名为"五禽戏"的锻炼方法，这套锻炼方式包括五种：一叫虎戏，二叫鹿戏，三叫熊戏，四叫猿戏，五叫鸟戏。"五禽戏"不仅可以锻炼身体，还能防治疾病。华佗的学生吴普用这种方法锻炼，活到九十多岁时，听力和视力都很好，牙齿也完整坚固。

> 华佗与董奉、张仲景并称为"建安三神医"。华佗被后人称为"外科圣手""外科鼻祖"，现在人们多用"再世华佗"来形容医术杰出的医师。

美德故事 明辨

邹忌比美

春秋时期，在齐国有一位公认的美男子，别人都叫他徐公。离徐公家不远，有一户人家，那户人家的主人叫邹忌。

邹忌是一个长得还算魁伟帅气的男子。一天早上，他穿好衣服，对着镜子，问他的妻子说："你看我与那个徐公哪个漂亮些？"妻子回答道："当然是我相公漂亮了，他徐公哪能比得上您呢？"

徐公是名闻齐国的美男子。邹忌不相信自己会比徐公更漂亮，所以又去问他的小妾："你看，我和徐公比，哪个漂亮些？"小妾也回答："徐公虽然漂亮，但他离您还差得远呢！他怎么能和您比呢？"

邹忌听到妻妾都这样说，顿时觉得很得意，心想：连妻妾都这样说我，那肯定就是我更漂亮了。

过了一天，有位客人来邹忌家拜访他，邹忌就摆了酒席去招待他。席间，邹忌又顺便问了问客人："我和徐公比美，你认为哪个更漂亮一点呢？"客人的回答也同样是："徐公没有您漂亮。"

这句话使邹忌更加得意了。

又过一天，徐公来到邹忌家里，邹忌就把徐公的面貌、身材、姿态等各方面都仔细打量了一番，又暗中和自己相比，始终看不出自己什么地方比徐公漂亮。

徐公走了以后，他又去照了一回镜子，更觉得自己比徐公大有逊色。邹忌为这事夜晚睡不着觉。他想了又想，终于得出一个结论："妻子对我有偏爱，当然要说我漂亮；妾呢，她是怕我的，所以也说我漂亮；至于客人当面赞美我，那还不是因为他有求于我吗？"

> 人最难的就是正确认识自己，特别是正确面对自己的缺点和错误。如果你能正确面对自己的缺点和错误，你一定能成为一个了不起的人。

亡羊补牢

从前,有人养了许多羊。一天早晨,他发现羊圈里的羊少了一只。仔细一查,原来羊圈破了个窟窿,夜间狼钻进来,把羊叼走了一只。邻居劝他说:"赶快把羊圈修一修,堵上窟窿吧!"那个人不肯接受劝告,回答说:"羊已经丢了,还修羊圈干什么?"

第二天早上,他发现羊又少了一只。原来,狼又从窟窿中钻进来,叼走了一只羊。他很后悔自己没有听从邻居的劝告,便赶快堵上窟窿,修好了羊圈。从此,狼再也不能钻进羊圈叼羊了。

"亡羊补牢"的意思是:发现羊丢了之后立马修补羊圈,还不算晚。比喻出了问题以后想办法补救,可以防止继续受损失。这个故事告诉我们,人不怕做错事情,就怕做错了不及时改正,时间长了,最后可能连补救的机会都没有了。

通关检测

1.（　　）发明了麻沸散。
A. 华佗　　B. 扁鹊　　C. 董奉　　D. 张仲景

2. 华佗创编了一种名为（　　）锻炼方法。
A. 太极拳　　B. 徒手操　　C. 咏春拳　　D. 五禽戏

3.（　　）告诉我们，人不怕做错事情，只要及时改正还来得及。
A. 刻舟求剑　　B. 杯弓蛇影
C. 亡羊补牢　　D. 画龙点睛

第七章

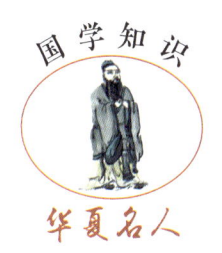

国学知识

华夏名人

李时珍

李时珍是中国明代著名医药学家。李时珍自1565年起，先后到武当山、庐山、茅山、牛首山及湖广、南直隶、河南、北直隶等地收集药物标本和处方，并拜渔人、樵夫、农民、车夫、药工、捕蛇者为师，参考历代医药等方面书籍925种，"考古证今、穷究物理"，记录上千万字札记，弄清了许多疑难问题，历经27年，三易其稿，最终完成了192万字的巨著——《本草纲目》。因其对医学杰出的贡献，李时珍被后世尊为"药圣"。

> 李时珍被称为"药圣"，而张仲景则被称为"医圣"。

美德故事

明辨

齐威王召见即墨大夫

从前，齐威王召见即墨大夫，对他说："自从你到了即墨任职之后，每天都有指责你的话传到我这儿。但是，我派人到即墨巡视，看到荒地都开垦出来了，百姓丰衣足食，官府没有积案，你那儿一方宁静且安定。于是我知道这是因为你不花钱收买我的左右近臣，来让他们为你说好话。"于是齐威王把一万户封给即墨大夫做采邑。

齐威王又召见东阿大夫，对他说："自从你到了东阿做官后，天天都有人称赞你。然而我派人去查看东阿，却看到一片荒芜，百姓贫苦。赵国攻打甄城，你不去救助；卫国攻打薛陵，你竟然不知道。这是因为你常用钱贿赂我左右的近臣，来让他们多为你说好话。"当天，齐威王便烹杀了东阿大夫以及经常为他说好话的左右近臣。

齐威王深知"信言不美，美言不信"的道理，他不但不怕人批评，甚至鼓励百姓揭露他的错误和缺点。齐国因此大治，成为当时天下最强盛的国家。

"信言不美，美言不信"的道理你记住了吗？一定要学会正确分辨别人说的话哦！

守株待兔

相传在战国时代宋国，有一个农民，日出而作，日落而息。遇到好年景，也不过刚刚吃饱穿暖；一遇灾荒，可就要忍饥挨饿了。他想改善生活，但他太懒，胆子又特小，干什么都是又懒又怕，总想碰到送上门来的意外之财。

深秋的一天，奇迹终于发生了。那一天，他正在田里耕地，周围有人在打猎。吆喝之声四起，受惊的小野兽没命地奔跑。突然，有一只兔子，不偏不倚，一头撞死在那个农民田边的树根上。当天，他美美地饱餐了一顿。

从此，他便不再种地。一天到晚，守着那"神奇"的树根，等着奇迹再次出现……

成语"守株待兔"，比喻不主动地努力，而存万一的侥幸心理，希望得到意外的收获。此故事用于批判那些死守教条、好逸恶劳的人。

通关检测

1. 明朝医学家李时珍历时 27 年写成的医学巨著是（　　）。
A.《伤寒杂病论》　　B.《千金方》
C.《本草纲目》　　　D.《洗冤录》

2. 李时珍因其对医学杰出的贡献，被后世尊为（　　）。
A. 神医　　B. 药圣　　C. 医圣　　D. 医家圣手

3.（　　）批判那些死守教条、好逸恶劳的人。
A. 守株待兔　　B. 杯弓蛇影
C. 亡羊补牢　　D. 狐假虎威

第八章

国学知识

华夏名人

宋 慈

宋慈是中国南宋时期的著名法医学家，中外法医界普遍认为宋慈于1235年开创了"法医鉴定学"，因此宋慈被尊为世界法医学鼻祖。宋慈所著《洗冤集录》是世界上最早的法医学专著。

宋慈重视实践，力求真知。检验尸体，即给死者诊断死因，技术性很强，在一定程度上难于为活人诊病。这不仅要有良好的思想品德，而且必须具备深厚的医药学基础，掌握许多科学知识和方法。儒者出身的宋慈，本无医药学及其他相关科学知识。为弥补这一不足，他刻苦研读医药著作，认真总结前人的经验。从流传至今的《洗冤集录》一书来看，其中所记载的检验方法多样、全面，精确度高，前无古人，这也是书中科技含量较高的、最精彩的内容。

中国古代有很多名医，除了我们介绍的这几位外，还有董奉、葛洪、钱乙、张仲景、叶桂、孙思邈等。

美德故事

明辨

三人成虎

在战国时代，有一个魏国大臣叫庞葱，他将要陪魏太子到赵国去做人质。临行前他对魏王说："如果现在有一个人来说街市上出现了老虎，大王相信吗？"魏王道："我不相信。"庞葱说："如果第二个人也来说街市上出现了老虎，大王相信吗？"魏王道："我有些相信了。"庞葱又说："如果又有第三个人来说街市上出现了老虎，大王相信吗？"魏王道："我当然会相信。"庞葱就说："街市上不会有老虎出现，这是很明显的事，可是经过三个人一说，好像真的有了老虎。现在，赵国国都邯郸离魏国国都大梁比这里的街市远了许多，议论我的人又不止三个。希望大王明辨才好。"魏王道："一切我自己知道。"

后来，庞葱陪太子回国，魏王果然没有再召见他了。

街市是人员集中的地方，当然不会有老虎。说街市上有虎，显然是假话，但有许多人这样说了，如果不辨别清楚，往往会信以为真。

滥竽充数

战国时期，齐国的国君齐宣王喜欢听吹竽。每次听吹竽的时候，总是叫手下300个善于吹竽的乐师在一起合奏给他听。

南郭先生听说后，压根儿就不会吹竽的他觉得有机可乘，就跑到齐宣王那里去，吹嘘自己吹竽的技术非常好。齐宣王很爽快地收下了他，并把他编进那支300人的吹竽队中。

每逢演奏的时候，南郭先生就捧着竽混在队伍中，脸上装出一副认真吹竽的样子。就这样南郭先生靠着蒙骗混过了一次又一次表演。

但是过了几年，齐宣王死了，爱听独奏的齐湣王继承了王位。齐湣王发布了一道命令，要这300个人轮流吹竽给他欣赏。南郭先生觉得这样吹竽，他肯定会露馅，只好连夜收拾行李逃走了。

"滥竽充数"意思是不会吹竽的人混在吹竽的队伍里充数。比喻无本领的冒充有本领，次货冒充好货。这个故事告诉我们：假的就是假的，最终会因逃不过实践的检验而被揭穿伪装。我们想要成功，最好的办法就是勤奋学习，只有练就一身真本领，才能抵挡住一切困难、挫折和考验。

通关检测

1. 世界上最早的法医学专著是中国南宋医学家宋慈所著的（　　）。
   A.《伤寒杂病论》　　B.《洗冤集录》
   C.《本草纲目》　　　D.《百病集》

2. （　　）比喻无本领的冒充有本领的，次货冒充好货。
   A. 滥竽充数　　B. 掩耳盗铃
   C. 自相矛盾　　D. 郑人买履

第九章

花木之美，除了表现在花木本身的形态和色彩外，还包括风韵美。风韵是人们赋予花木的感情色彩，是花木自然美的升华。中国古代文人墨客就赋予了花木不一样的风韵品格。

梅

梅花是中国十大名花之首，与兰花、竹子、菊花一起列为"四君子"，与松、竹并称为"岁寒三友"。在严寒中，梅先于百花开放，所以在中国传统文化中，梅以它的高洁、坚强的品格，给人以立志奋发、坚持操守的激励。很多诗人都赞美欣赏梅花，例如王安石的"遥知不是雪，为有暗香来"，崔道融的"朔风如解意，容易莫摧残"，林逋的"疏影横斜水清浅，暗香浮动月黄昏"。

兰

　　中国传统名花中的兰花仅指分布在中国兰属植物中的若干种地生兰，如春兰、惠兰、建兰、墨兰和寒兰等，即通常所指的"中国兰"。

　　"中国兰"在中国有一千余年的栽培历史。这一类兰花与花大色艳的热带兰花不同，它们没有醒目的艳态，没有硕大的花、叶，却具有质朴文静、淡雅高洁的气质，很符合东方人的审美标准。中国人历来把兰花看作高洁典雅的象征。

　　人们通常以"兰章"喻诗文之美，以"兰交"喻友谊之真。唐代大诗人李白曾写有"幽兰香风远，蕙草流芳根"的诗句来赞美兰花。

美德故事

向善

向善是指助人为乐，愿意做对他人有益的事。我们也应该做一个充满善意，帮助他人的人。

及时行善

古时候，有个思想家叫庄周。庄周家境贫困，有一回，他想向朋友监河侯借三升小米。监河侯却对他说："可以啊！不过我家现在的米粮不多，你等一段时间，等我向老百姓收税之后，再借给你三百两黄金。"

庄周听了监河侯的话，很感慨地说："我在来您家的途中，听到有一条鱼儿向我寻求帮助。我回头一看，那条鱼儿在路边一个快干涸的小坑里，它希望我能在坑里倒几杯水。于是我对那鱼儿说：'我先到南方向吴王和越王商讨借水，然后再将西江水引来这里救你，让你回到东海。'那条鱼很生气地说：'现在只需几杯的水，我就可以活命，你却这么回答我，明早我都已经变成鱼干了！'"

当遇到别人需要帮助的时候，我们能帮助的要及时去帮助哟！

揠苗助长

古时候有个人，希望自己田里的禾苗长得快点，天天到田边去看。可是，一天、两天、三天，禾苗好像一点儿也没有长高。他就在田边焦急地转来转去，自言自语地说："我得想个办法帮它们生长。"

一天，他终于想到了办法，就急忙跑到田里，把禾苗一棵一棵往高里拔。从中午一直忙到太阳落山，弄得筋疲力尽。当他回到家里时，一边喘气一边对儿子说："可把我累坏了，但力气没白费，禾苗都长了一大截。"他的儿子不明白是怎么回事，跑到田里一看，发现禾苗都枯死了。

"揠苗助长"的意思是把苗拔起来,帮助其成长。比喻违反事物的发展规律,急于求成,反而坏了事。近义词有"杀鸡取卵"。

通关检测

1. 梅花具有（　　）的特点。
   A. 淡雅　　B. 坚强　　C. 富贵　　D. 活泼

2. "岁寒三友"指（　　）。
   A. 松、竹、梅　　B. 松、竹、兰
   C. 梅、兰、菊　　D. 梅、兰、松

3. （　　）比喻违反事物的发展规律,急于求成,反而坏了事。
   A. 守株待兔　　B. 揠苗助长
   C. 亡羊补牢　　D. 龙飞凤舞

第十章

竹

大家可能吃过中国的一种美食——竹笋。但你知道竹笋是怎么生长的吗？竹笋在前四年只能长三厘米，这三厘米还都是深埋于土下，等到第四年它破土而出，能以每天三十厘米的速度疯长，六周时间就能长到十五米。也就是说，每一棵刚出土的竹子其实已经四岁了。

竹枝杆挺拔、修长，四季青翠，傲雪凌霜，倍受中国人喜爱。竹与梅、兰、菊并称为"四君子"，与梅、松并称为"岁寒三友"，象征着潇洒一生、清雅淡泊的谦谦君子。因为很多竹子的原产地在中国，它也被认为是中国的文物标志。

> 古代文人雅士喜欢竹高雅谦逊的品质，苏东坡说："宁可食无肉，不可居无竹。无肉令人瘦，无竹令人俗。人瘦尚可肥，士俗不可医。"从苏东坡的诗就可以看出古人们有多么喜爱竹子了。

菊

中国的传统节日重阳节有一项重要的习俗——赏菊。因为重阳节所在的金秋时节正是菊花盛开的季节,有诗歌这样写道:"待到秋来九月八,我花开后百花杀。"

菊花是花中四君子之一。菊是凌霜飘逸,特立独行,不趋炎附势,世外隐士的象征。东晋田园诗人陶渊明最喜欢菊花,写了许多赞美菊花的诗。例如"采菊东篱下,悠然见南山"等。因为菊花原本是作为草药使用,所以在古代神话传说中菊花还被赋予了吉祥、长寿的含义。

中国自古以来就培育菊花,所以菊花品种繁多,据说有上千个品种呢!经常喝菊花茶,可以清热解毒哦。

美德故事

向善

李江送瓜

从前，有一个人叫李江，在一个夏天的午后，他正在自家的西瓜地里看瓜，从瓜地西头道上过来了两个逃荒要饭的。一个是白胡子老人，一个是五六岁的小孩，都穿得破破烂烂，身上带着破碗破瓢。小孩口渴，见到西瓜，哭闹着非要吃不可。老人怎么劝说怎么吓唬都不行。孩子的哭声越来越大，嗓子都嘶哑了，李江看见了，立马摘了一个西瓜送给了他们。

李江的父亲听说后，对李江说道："你做得对，把瓜送给需要帮助的人，是应该的。"

"赠人玫瑰，手有余香。"帮助他人，同时让自己也收获了快乐。

刻舟求剑

战国时，楚国有个人坐船渡江。船到江心，楚人一不小心，把随身携带的一把宝剑滑落江中，他赶紧伸手去抓，可惜为时已晚，宝剑已经落入江中。船上的人对此感到非常惋惜。

但楚人似乎胸有成竹，马上掏出一把小刀，在船舷上刻了个记号，并且对大家说："这是宝剑落水的地方，所以我要刻上一个记号。"

大家都不理解他为何要这样做，也不再去问他。

船靠岸后，那楚人立即在船上刻有记号的地方下水，去捞取掉落的宝剑。楚人捞了半天，始终不见宝剑的影子。他觉得很奇怪，自言自语地说："我的宝剑不就是从这里掉下去的吗？我还在这里刻上了记号，现在怎么会找不到呢？"

其他人纷纷大笑起来，说道："船一直在行进，而你的宝剑却沉入了水底，不会随船移动，你又怎能找得到你的剑呢？"

"刻舟求剑"一般比喻死守教条，固执不变通的人。这个故事告诉我们：客观实际是不断发展变化的，如果把陈规旧章当成解决新问题的法宝，就要闹笑话。

通关检测

1. 竹子前四年只能长（　　）。
   A. 15 米　　B. 30 厘米　　C. 3 厘米　　D. 1 厘米

2. （　　）是凌霜飘逸，特立独行，不趋炎附势，世外隐士的象征。
   A. 松　　B. 兰　　C. 菊　　D. 梅

3. （　　）一般比喻死守教条，固执不变通的人。
   A. 宋人穿井　　B. 揠苗助长
   C. 亡羊补牢　　D. 刻舟求剑

第十一章

国学知识
中华文明

龙

龙是中国古代神话传说中的神异动物，是中华民族最具代表性的传统文化符号之一。龙，自古为华夏民族崇拜的图腾，被尊为华夏之神。传说龙能兴云雨，利万物，带来风调雨顺，丰衣足食。龙在中国传统的十二生肖中排第五，在《礼记·礼运第九》中与凤、龟、麟一起并称"四灵"。封建时代，龙是皇权的象征。历代皇帝都以真龙天子自居，认为自己是龙的化身。因此，用龙纹装饰的各类器物为帝王们所专用。

西方神话里也有龙，但东方的龙一般是神兽，而西方的龙多是邪恶的化身。

凤

凤凰，亦作"凤皇"，古代传说中的百鸟之王。雄的叫"凤"，雌的叫"凰"，总称为凤凰。它们身披五彩羽毛，能飞翔在四海。每当凤凰齐飞降临人间，必是丰收祥和之年。

凤凰常被用来象征祥瑞，是吉祥和谐的象征，自古就是中国文化的重要元素。自秦汉以后，龙逐渐成为帝王的象征，帝后妃嫔们开始称凤比凤，凤凰的形象逐渐雌雄不分，整体被"雌"化。以凤纹做装饰的器物，多为后妃们所专用。凤凰和龙一样，在现实世界中并不存在，是古人幻想的神鸟，与龙同为中华民族的图腾。

龙和凤都是中华民族崇尚的图腾，现在人们喜欢用"望子成龙""望女成凤"来表达自己对儿女的殷切期盼。

范仲淹教子扶危

宋代文学家、政治家范仲淹治家甚严，教导子女做人要正心修身、行善积德。因此，范氏家风清廉俭朴、乐善好施。

有一次，范仲淹让次子——有着"布衣宰相"美誉的范纯仁自苏州运送麦子到四川。范纯仁在丹阳时碰见熟人石曼卿，得知他亲人去世，无钱运送棺材返乡，便将一船的麦子全部送给了他，帮助他返回家乡。范纯仁回到家中，没敢提及此事。

回家后，范仲淹问范纯仁在行程中有没有遇到朋友，范纯仁回答说："路过丹阳时，碰到了石曼卿，他因亲人去世，没钱运送棺材回乡，而被困在那里。"范仲淹立刻说道："你为什么不把船上的麦子全部送给他呢？"范纯仁回答说："我已经送给他了。"范仲淹听后，对儿子的做法感到非常欣慰，并夸奖他做得对。

> 范仲淹的家族至今已有800年历史，这800年来范氏家族出现了许多杰出人才。一个家族能延绵几百年还屹立不倒，和范仲淹留下的八字箴言密不可分，这八字箴言就是：自立、读书、清俭、行善。

郑人买履

从前郑国有个人想买鞋子，他先在家里拿根绳子量好自己脚的尺寸，把量好的尺寸放在自己的座位上。他到了集市上，选好了一双鞋，想比比大小，却发现量好的尺寸忘记带来了，于是又急忙赶回家去取。等他带着尺寸跑回来时，集市已散，他最终没能买到鞋。别人知道后对他说："为什么不用你自己的脚试一试呢？"他固执地说："我宁可相信量好的尺寸，也不相信自己的脚。"

这个郑国人只相信量脚得到的尺码，而不相信自己的脚，鞋子没买到，却成为笑柄。这则寓言讽刺了那些只信教条、不顾实际的人。

通关检测

1. 封建时代的中国，（　　）是皇权的象征。
   A. 蛇　　B. 龟　　C. 凤　　D. 龙

2. 凤凰，亦作"凤皇"，古代传说中的百鸟之王。雄的叫（　　），雌的叫"凰"，总称为凤凰。
   A. 凤　　B. 风　　C. 龙　　D. 凰

3. （　　）讽刺了那些只信教条、不顾实际的人。
   A. 滥竽充数　　　B. 郑人买履
   C. 亡羊补牢　　　D. 杯弓蛇影

第十二章

麒　麟

　　麒麟是中国传统瑞兽，传说能活两千年。古人认为，麒麟出没处必有祥瑞。相传，孔子出生之前，有麒麟在他家院子前"口吐玉书"，于是"麒麟送子"的风俗开始流传起来。"麒麟送子"成为中国传统吉祥图案之一。南北朝时，人们常称自己的孩子为"吾家麒麟"或"吾家麟儿"。新婚礼物送上麒麟，有早生贵子之意。

　　麒麟还用来指代杰出人物，古代一品武官朝服上的图案就是麒麟。麒麟因其深厚的文化内涵，被制成各种饰物和摆件，用于佩戴和放置家中，有祈福和安佑的用意。

　　麒麟还是中国古代建筑中常用的吉祥动物。在大门的两侧装饰石雕麒麟，既显示门庭高贵，又能镇宅避邪。

龟

中国古代，龟被看作祥瑞之物，它与龙、凤、麟并称"四灵"或"四神"。在"四灵"之中，龙、凤、麟都是神话动物，现实中不存在，龟是其中唯一现实存在的爬行动物。龟性耐饥渴，寿命很长。

几千年积淀而成的龟文化已成了中国文化的一个重要组成部分，深深地根植于国人的深层意识之中。龟在古人的眼里是神圣和伟大的，被赋予了驮地撑天的神力。帝王将相的灵前，常有石龟驮负的高大墓碑，其意为赞誉死者功德通天达地、英名地久天长。

> 海龟早在两亿年前就出现在地球上了，是有名的"活化石"。据《吉尼斯世界纪录大全》记载，海龟的寿命最长可达152年，是动物中当之无愧的老寿星。

美德故事 向善

一毫之善

古时候，有个寡妇叫刘氏。因为丈夫早死，所以她独自抚养孩子。白天她在田里劳动，晚上就点着蜡烛在织布机上织布，日子倒也过得宽裕。邻里贫困的人家都受到过刘氏的帮助，邻居们都说她是个善良的人，她的儿子却不理解。她就教育儿子说："对别人好是做人的本分，谁没有点儿烦恼的事呢？"后来，刘氏去世了。她死后三年，刘家着火了，衣服、房屋都被烧毁了。邻居们主动送来了衣物，并帮助刘家重新砍树建造房子，帮他们渡过难关。

中国有句名言：施恩求忘，受恩必报。大意是：我们在帮助别人之后，不去要求必须得到回报，这样会给别人造成压力。而我们得到了别人的帮助后，一定要记得知恩报恩，一有机会就要回报帮助过我们的人或者去帮助更多的人。

买椟还珠

春秋战国时期，楚国有一个卖珠宝的商人。有一天，他准备了一些珠宝，打算拿到郑国卖。为了卖上好价钱，他想到了一个好办法：选了一些上等的木材，找工匠做成一个个精致新颖的木盒子，并且请技艺高超的雕刻师在盒子的外面刻上各种各样美丽的花纹。同时，他选用不同的名贵香料，把做好的盒子熏得香气迷人。

到了郑国之后，他在一条热闹非凡的街市上展出了他的珠宝。果真不出所料，展出没多久，很多郑国人便围了过来。

令他感到意外的是，这些郑国人感兴趣的并不是他的珠宝，而是装珠宝的木盒子。

这时有个郑国人拿起盒子，仔细端详了一番，喜爱得不得了，便出高价买下它。这个郑国人刚走了没几步，却又折了回来。他走到珠宝商面前，小心翼翼地打开盒子，取出里面的珠宝还给了珠宝商，带走了盒子。

"买椟还珠"指买了装珍珠的木匣而退还了珍珠；比喻取舍不当，把次要的东西看得比主要的东西还要好。

通关检测

1. 古代一品武官朝服上的图案是（ ）。
   A. 麒麟　　B. 龟　　C. 凤　　D. 龙

2. （ ）是长寿的标志。
   A. 凤　　B. 龟　　C. 龙　　D. 凰

3. （ ）比喻取舍不当，把次要的东西看得比主要的东西还要好。
   A. 买椟还珠　　　B. 郑人买履
   C. 亡羊补牢　　　D. 坐井观天

第十三章

国学知识

中国的传统节日众多，节日里的风俗习惯更是数不胜数，这些习俗都蕴含着人们美好的祝福。

九州风物

零点放炮

中国人在辞旧迎新时的除夕夜零点习惯燃放鞭炮。放鞭炮有着辞旧迎新之说，为了赶走一年来的晦气和霉运，同时庆祝新一年的开始，讨一个好彩头。

为什么在辞旧迎新之际要放鞭炮呢？相传在远古时代，有一种凶猛的怪兽叫"年"。每逢新旧岁之交，便出来糟蹋庄稼，残害生灵。后来，人们掌握了"年"怕声音、怕红色、怕火光的弱点。每至年末岁首零点之时，人们就在院子里燃烧柴火发光，燃烧竹子发出啪啪的声响，以此来驱赶年兽。后来人们就在家门口贴红联、放鞭炮、挂红灯来驱赶年兽。零点放鞭炮寄托了劳动人民想要驱邪、避灾、祈福的美好愿望。

大年初一的这一天，所有放鞭炮的炮纸和垃圾人们一般都不打扫，人们认为传统正月初一是扫帚日，这时候动扫帚会扫走财运和好运。

美德故事 正直

正直就是公正坦率，刚正无私。既能够不畏强权、不凌弱势，也能勇于承认错误，坚持自己的信念。我们也要做一个正直的人哟！

包拯吃鱼

包拯早年丧母，是嫂嫂将他养大，包拯称她为嫂娘。

包拯考中进士，要被派遣到外地做知县。上任前一天中午，嫂嫂特地为他做了一条红烧鲤鱼。第二天出发时，嫂嫂问包拯昨天吃的两条鱼哪一条好吃些。包拯说："昨天我只吃了一条鱼。"嫂嫂一听大怒道："我昨天明明是给你做了两条，你怎么能说只吃了一条呢？"包拯见嫂嫂发火了，连忙说道："请嫂娘息怒，我记错了！嫂娘息怒，我记错了，我昨天是吃了两条鱼。"

嫂嫂听了，不但没有开心，反而更严厉地对包拯说："黑子，我昨天只给你吃了一条鱼！我一说两条，你为啥不敢坚持呢？今后做官，如果只看大官的脸色就歪曲事实，不敢秉公执法，势必当的是昏官！"

包拯听了嫂嫂一番话，方知昨天嫂嫂给自己吃鱼的良苦用心，忙撩衣跪倒，说道："嫂娘教诲，黑子我铭记在心，永不忘记！"

后来，包拯为官果然刚正不阿、不畏权贵、秉公执法，受到世人敬仰，名留千古。

中国民间留下很多包拯断案的故事，有兴趣的可以找来读一读。

退避三舍

晋文公即位以后，把晋国治理得渐渐强盛起来。他也想像齐桓公那样，做个中原的霸主。

公元前632年，晋国与楚国开战。楚军将领成得臣催动全军赶到晋军驻扎的地方去。楚军一进军，晋文公立刻命令往后撤，对此晋军中有些将士想不通，觉得不合理，狐偃解释说："打仗先要凭个理，理直气就壮。当初楚王曾经帮助过主公，主公在楚王面前答应过：要是两国交战，晋国情愿退避三舍。今天后撤，就是为了实现这个诺言啊。要是我们对楚国失了信，那么我们就理亏了。我们退了兵，如果他们还不罢休，步步紧逼，那就是他们输了理，我们再跟他们交手也不迟。"晋军一口气后撤了九十里，到了城濮（今山东鄄城西南）才停下来，布置好了阵势，把楚军杀得七零八落。这就是"城濮之战"。

古代"一舍"等于15千米（1千米即2里），"三舍"就是45千米。"退避三舍"的意思是主动退让45千米。比喻退让和回避，避免冲突。

通关检测

1. 中国人习惯在除夕零点放炮是为了驱赶（　　）。
   A. 麒麟　　B. 年　　C. 凤　　D. 龙

2. "退避三舍"比喻退让和回避，避免冲突。古代"一舍"等于现代（　　）。
   A. 20 千米　　B. 45 千米　　C. 15 千米　　D. 80 千米

第十四章

国学知识

九州风物

饺子包硬币

饺子是中国北方地区的主食和地方小吃，更是春节不可缺少的节日食品。饺子形如元宝，人们在春节吃饺子取"招财进宝"之意。另外，饺子有馅，便于人们把各种吉祥的东西包到馅里，以寄托人们对新一年的祈望。在包饺子时，人们常常将金如意、糖、花生、枣和栗子等包进馅里。吃到的饺子里有金如意、糖的人，来年的日子更甜美；吃到花生的人寓意健康长寿；吃到枣和栗子的人寓意早生贵子；吃到含有硬币的饺子寓意在新的一年里会财源滚滚，发大财。如果小孩吃到含有硬币的饺子还会得到家长的红包。

即使同是一种水饺，亦有不同的吃法：内蒙古和黑龙江的达斡尔人把饺子放在粉丝肉汤中煮，连汤带饺子一起吃；河南的一些地区将饺子和面条放在一起煮，名为"金线穿元宝"。

美德故事 正直

包拯大义灭亲

包拯是北宋时期著名的大臣。他廉洁公正、铁面无私,且英明决断,敢于替百姓申不平,故有"包青天"之名。

包拯的亲侄子包勉,在做了地方官之后贪赃枉法。包拯知道之后,非常生气,但又非常为难。由于包拯的童年不幸,包勉的妈妈对待包拯就像对待自己的孩子一样。包拯从来不叫包勉的妈妈为嫂子,而是叫嫂娘,嫂娘对包拯恩重如山,而这包勉又是嫂娘唯一的儿子。在公私两难的选择间,包拯选择秉公执法,下令斩了包勉,然后向自己的嫂娘赔罪道歉。

包拯性格严厉正直,虽然官位很高,但吃穿和日常用品都跟普通百姓一样。他曾说:"后世子孙做官,有犯贪污之罪的,不得踏进家门,死后不得葬入大墓。不遵从我的志向,就不是我的子孙。"

破釜沉舟

中国历史上有一场著名的以少胜多的战役——巨鹿之战。在这场援赵的大战中,项羽被拥为上将军之后,下令士兵每人带足三天的干粮,然后又下令砸碎全部行军做饭的锅。将士们都愣了,项羽说:"没有锅,我们可以轻装前去,立即挽救危在旦夕的赵国!至于吃饭嘛,让我们到章邯军营中取锅做饭吧!"大军渡过了漳河,项羽又命令士兵把渡船全都砸沉,同时烧掉所有的行军帐篷。战士们一看退路没了,这场仗如果打不赢,就谁也活不成了。

项羽指挥楚军很快包围了秦军,同秦军展开了九次激烈的战斗,渡河的楚军无不以一当十、以十当百,个个如下山猛虎,奋勇拼杀。经过多次交锋,楚军终于以少胜多,大败秦军。从此,项羽率领的军队成了当时反秦力量中最强大的一支。

"破釜沉舟"一词现在被用来比喻某人做事不留退路,不达目的不罢休的行为、决心。

项羽是中国秦朝末年起义军领袖,人称"西楚霸王",是中国历史上最强的武将之一,古人对其有"羽之神勇,千古无二"的评价。灭秦后与汉王刘邦展开了历时四年的楚汉战争,兵败垓下,突围至乌江边自刎而死。

1. 吃到饺子里包的硬币,预示着这一年(　　)。
   A. 早生贵子　　B. 甜甜蜜蜜
   C. 财源滚滚　　D. 身体健康

2. "破釜沉舟"的主人公是(　　)。
   A. 夫差　　B. 项羽　　C. 勾践　　D. 伍子胥

第十五章

国学知识

九州风物

年年有"鱼"

春节是中国最隆重的合家团圆的节日，无数中国家庭的年夜饭必定有一种相同的食材——鱼。中国人都讲究吉祥话，春节期间特别喜欢"年年有余"这个词，年夜饭有鱼这是用食物表示"年年有余"。不仅在中国人的餐桌上能看到鱼，年画里的胖娃娃抱着的除了莲花、莲藕，还有鱼，这是用图画表示"莲莲有鱼"。"年年有余"代表人们希望生活富足，每年都有富余的财富及食粮！

《江南》汉乐府诗中写道："江南可采莲，莲叶何田田。鱼戏莲叶间。鱼戏莲叶东，鱼戏莲叶西，鱼戏莲叶南，鱼戏莲叶北。"正是表达人们对美好恬静生活的向往。

强项令

光武帝刘秀的大姐湖阳公主有一个男仆仗势杀人后藏进公主家里。董宣用计将这个杀人犯抓住，并当着湖阳公主的面，把杀人犯斩决。

湖阳公主到光武帝前告状，光武帝很生气，召来董宣，准备下令用棍子打死他。董宣丝毫不害怕，反问："皇上您圣明有德，中兴汉朝，但却放纵奴仆危害百姓，将拿什么来治理天下呢？臣下我不需要用棍子打，请求能够自杀。"光武帝无言以对，只得放了董宣。

然而湖阳公主不同意，光武帝下不了台，只得命令董宣向湖阳公主叩头认错。不料董宣更不愿意，两手撑住地面，左右侍臣强按他的头，他硬是不肯低头。光武帝没什么办法，只得训斥董宣："强项令出！"强项，即颈项强直不屈，这实际上宣布董宣无罪，而又给以赞美之词。

果然，事后光武帝给董宣不少赏赐。他把赏赐分给了下属。从此，洛阳城内皇亲贵族豪强不敢横行不法。

望梅止渴

东汉末年，曹操带兵去攻打张绣，一路行军，走得非常辛苦。时值盛夏，骄阳似火，大地都快被烤焦了。曹操的军队已经走了很多天了，十分疲乏。荒原百里，没有水源，将士们都干渴难忍，有的体弱的士兵甚至渴得晕倒在路边。

于是，曹操急步登上前面的山头，查看前方的状况，当登上山头的时候，曹操失望了：放眼望去，依然是没有人烟，哪来的水源？不过，曹操灵机一动，想到了一个办法。

他回过头，对正处于干渴中的士兵说："将士们，翻过前面的那座山，就有吃不完的梅子。"士兵们一听，想起梅子那酸甜的味道，口中都不由得流出了口水，精神大振，奋力向前前进。后来，他们终于到达了有水的地方，但是发现根本就没有梅子林。

"望梅止渴"是一个历史故事成语，意思是梅子酸，人想吃梅子就会流涎，因而止渴。后比喻愿望无法实现，用空想安慰自己。

通关检测

1. 年夜饭有鱼,预示着这一年(　　)。
A. 早生贵子　　B. 年年有余
C. 婚姻幸福　　D. 身体健康

2. "望梅止渴"的主人公是(　　)。
A. 曹植　　B. 曹丕　　C. 曹操　　D. 诸葛亮

第十六章

国学知识

九州风物

拜年带橘子

春节是中华民族民间最隆重最富有特色的传统节日，它标志着农历旧的一年结束和新一年开始。正月初一，是农历新年的第一天。正月初一早晨，家家户户开始拜年互送祝福。拜年是中国民间的传统习俗，是人们辞旧迎新、相互表达美好祝愿的一种方式。

在中国的广东地区流行着新春佳节互赠橘子的风俗，这个风俗是与中国传统文化紧密相连的。桔子的"桔"和"吉"字形相同，寓意着吉祥如意；而"橘"字则和"聚"，谐音相同，有着团聚的意思，所以新春时节中国民间相互馈赠橘子以求吉利，希望在新的一年里大吉大利，小小的柑橘也就成了人们传达祝福的载体。

逢年过节，柑橘一定是桌上贡拜品，由于华人对数字敏感，一般都会以8粒（取"发"音）、9粒（取"久"音）或双数凑成。

美德故事

正直

不畏强权的海瑞

明朝的时候,有个大奸臣严嵩,他的手下鄢懋卿以钦差大臣的身份到浙江查办盐务。一路上,鄢懋卿搜刮民脂,无恶不作。当他路过淳安那天,海瑞率领衙门大小官员,提前到地界线上去迎接他。鄢懋卿见海瑞率领一大群官员和百姓正摆香案迎接,非常得意,但是一碰面海瑞就说出他出京以来,收贿万千,甚至便溺也用黄金壶的事。鄢懋卿的手下大声呵斥,海瑞不但不退缩,而且令县衙登船搜舱。鄢懋卿抽出尚方宝剑威胁道:"我的尚方宝剑可以先斩后奏!"海瑞毫不畏惧,正色道:"尚方宝剑虽然厉害,但不能斩我无罪之人!"鄢懋卿想到贸然杀害海瑞这样正直的官员,对自己没有什么好处,只好灰溜溜地离开了淳安地界。

海瑞因为不畏强权,刚正不阿,成为深受黎民百姓爱戴的"海青天"。

完璧归赵

公元前281年，赵国得到了无价之宝和氏璧。秦昭襄王听说这件事，说愿意用十五座城换取和氏璧。赵王跟大将军廉颇等大臣商量：想把这块宝玉给秦国，又怕得不到秦国的城，白白受欺骗；想不给吧，又担心秦兵打过来。

最后赵王派蔺相如出使秦国。秦王坐在章台宫接见蔺相如。蔺相如捧着和氏璧呈献给秦王后，看出秦王没有把城池给赵国的意思，就上前说："璧上有点毛病，请让我指给大王看。"秦王把和氏璧交给蔺相如。蔺相如捧着璧退了几步站住，背靠着柱子，大声对秦王说："我看大王无意补偿给赵国十五座城，所以又把它取回来。大王一定要逼迫我，我的头现在就与和氏璧一起撞碎在柱子上！"

几经周旋，蔺相如终于凭借自己的勇敢和机智，把和氏璧带回赵国去了。

"完璧归赵",意思本指蔺相如将和氏璧完好地从秦国带回赵国,后比喻把物品完好地归还给物品的主人。

通关检测

1. 拜年带橘子的寓意是（   ）。
   A. 吉祥如意   B. 年年有余   C. 婚姻幸福   D. 身体健康

2. 比喻把物品完好地归还给物品的主人的成语是（   ）。
   A. 负荆请罪   B. 完璧归赵   C. 毛遂自荐   D. 三顾茅庐

附录
中国传统文化小知识汇总

中国的楼台
The towers of China

滇池浪涌大观园
——大观楼

大观公园位于云南昆明的滇池湖畔，园中最具观赏价值的大观楼始建于清康熙年间，楼高三层，尽揽湖光山色。乾隆年间，孙髯翁为其撰写一百八十字长联，被誉为"天下第一长联"，由名士陆树堂书写刊刻，毛泽东评价其"从古未有，别创一格"。大观楼因长联而成为与黄鹤楼、岳阳楼、鹳雀楼齐名的中国名楼。

蓬莱胜景誉人间
——蓬莱阁

蓬莱阁位于山东省烟台市蓬莱区，主体建筑建于宋朝嘉祐六年（1061年），素以"人间仙境"著称于世，其"八仙过海"传说和"海市蜃楼"奇观享誉海内外。蓬莱阁历经风雨沧桑，如今已发展成为集自然风光、历史名胜、人文景观、休闲娱乐于一体的风景名胜区和休闲度假胜地。

势入云天宝阁雄
——钟鼓楼

西安钟鼓楼位于陕西省省会西安市市中心，是中国十大名楼之一，是西安钟楼和西安鼓楼的合称。建于明代的钟楼和鼓楼遥相呼应，蔚为壮观。据说，每到夜深人静的时候，你可以趴在钟楼附近的地上或钟楼的墙边仔细听，能听到海水的涌动声。

中国的桥梁
The bridges of China

光通潋滟原规月
——玉带桥

北京颐和园昆明湖长堤上有一座中国最著名的玉带桥，清乾隆时建造，距今已有 200 多年的历史。该桥单孔净跨 11.38 米，矢高约 7.5 米，全部用玉石琢成。桥头有乾隆皇帝的御题，东面是"螺黛一痕平铺明月镜，虹光百尺横映水晶帘"，西面是"地到瀛洲星河天上近，景分蓬岛宫阙水边多"。

春雨断桥人不渡
——断　桥

西湖断桥位于杭州北里湖和外西湖的分水点上，一端跨着北山路，另一端接通白堤。断桥之名得于唐朝，其中"断桥残雪"为西湖十景之一。桥的东北有碑亭，内立"断桥残雪"碑。中国民间爱情传说《白蛇传》的故事发生于此，传说此地为白娘子与许仙的相会之地。

大渡桥横铁索寒
——泸定桥

泸定桥又称大渡桥，位于四川省甘孜藏族自治州泸定县泸桥镇境内，全桥铁件总重 40 余吨。该桥始建于 1705 年，建成于 1706 年，两岸的桥头古堡为传统木结构古建筑，为中国独有。此桥自古以来便极具战略意义，更是在中国抗日战争时期上演了中国工农红军"飞夺泸定桥"的壮举，打开了红军长征北上抗日的通道。

中国的园林
Chinese garden

十里洋场一翠螺
——豫　园

豫园位于上海市老城厢的东北部，西南与上海老城隍庙毗邻，也是著名的江南古典园林。豫园原是明代的一座私人园林，始建于嘉靖、万历年间，距今已有400余年历史。"豫"有"平安""安泰"之意，取名"豫园"，有"豫悦老亲"的意思。古人称赞豫园"奇秀甲于东南""东南名园冠"。

红墙绿瓦绕骊山
——华清池

华清池即华清宫，位于陕西省西安市临潼区，背山面渭，倚骊峰山势而筑。与颐和园、圆明园、承德避暑山庄并称为中国四大皇家园林。是唐代封建帝王游幸的别宫。唐代诗人白居易在描写唐明皇与杨贵妃爱情故事的《长恨歌》中提到华清池："春寒赐浴华清池，温泉水滑洗凝脂。"

中国的古塔
Ancient pagodas in China

五彩斑斓如彩虹
——飞虹塔

飞虹塔位于山西洪洞县东北部霍山的广胜寺内，前身是始建于汉代的阿育王塔。其现存建筑为明朝正德至嘉靖年间重修。飞虹塔金碧辉煌，巍峨壮丽，由于其塔身五彩斑斓如雨后彩虹，故名"飞虹塔"。飞虹塔是五座佛祖舍利塔和中国现存四座古塔之一，也是迄今为止发现的留有工匠题款、最大最完整的琉璃塔。

东方比萨斜塔
——虎丘塔

虎丘塔，又称云岩寺塔，位于苏州城西北郊。虎丘塔始建于公元601年，初建成木塔，后来被毁。现存的虎丘塔建于公元959年，比意大利比萨斜塔早建200多年。自明代起，由于地基原因，虎丘塔就向西北倾斜，塔顶中心偏离底层中心已达2.3米以上，被称为"东方比萨斜塔"。

曼飞龙塔

曼飞龙塔因位于云南省景洪市勐龙镇曼飞龙寨的后山顶上而得名。曼飞龙塔始建于清乾隆年间，它由主塔和八座小塔组合而成，傣语称"塔糯庄龙"，意为大头笋塔。因为它通体洁白如雪，又称"飞龙白塔"。在佛塔正南处的原生岩石上，有一人踝印迹，传为释迦牟尼的足迹，因而兴建此塔。

中国的文豪
Chinese great writers

西蜀子云亭
——扬雄

扬雄，西汉著名的辞赋家。扬雄从小好学，博览群书。他为人平易宽和，唯一的爱好就是创作辞赋，因文章才华出众得到皇帝的召用。相传成都有扬雄洗过笔砚的洗墨池，后人于此修建了墨池书院，郫县有扬雄墓，成都、郫县、绵阳等处有子云亭，都表达了后世对扬雄的崇敬。

辞赋圣人
——司马相如

司马相如，汉赋代表作家和赋论大师，也是文学大师和美学大家，写有《子虚赋》《天子游猎赋》《大人赋》《长门赋》《美人赋》等，被后人誉为"辞宗""赋圣"。汉代有一首古琴名曲叫《凤求凰》，讲述的就是他与卓文君的爱情故事。相传现在成都的琴台路就是司马相如弹琴，卓文君卖酒的地方。

初唐四杰之一
——王勃

唐朝初年杰出诗人杨炯、卢照邻、骆宾王、王勃共称"初唐四杰"。其中王勃是有名的少年神童，6岁就能写文章，成年后更是才华横溢。除了《滕王阁序》外，其诗词成就也很高。他笔下的《送杜少府之任蜀州》写离别之情，其中诗句"海内存知己，天涯若比邻"意境开阔，成为千古名句。

一代诗豪
——刘禹锡

刘禹锡，唐朝著名诗人，被称为"诗豪"，别号"刘二十八"，与白居易合称"刘白"，有《陋室铭》《竹枝词》《杨柳枝词》《乌衣巷》等名篇。他性情豁达，被贬谪后仍然提笔写下情趣高雅的《陋室铭》，其中"斯是陋室，惟吾德馨"是说这虽是简陋的房子，但是只要我（住屋的人）品德高尚就不觉得简陋了。

多情诗人
——李商隐

李商隐是晚唐著名诗人，和杜牧合称"小李杜"。其诗构思新奇，风格秾丽，尤其是爱情诗和无题诗写得缠绵悱恻，引人动情。有名句"春蚕到死丝方尽，蜡炬成灰泪始干"广为流传。作为大诗人的白居易在晚年尤其钟爱李商隐的诗，"乐天投儿"的故事更是广为人知。

艺术皇帝
——李　煜

南唐后主李煜，不喜政事，唯独喜欢诗词，工书画，尤以词的成就最大。其前期作品反映宫廷生活和男女情爱，风格绮丽柔靡。后来经历了亡国之痛，作品哀婉凄凉，意境深远，极富艺术感染力。《虞美人》中的"问君能有几多愁，恰似一江春水向东流"更是流传千古。

爱国诗人
——陆游

宋朝爱国诗人陆游,其诗作多达9300余首,是中国现有存诗最多的诗人。其词集豪放婉约于一身,诗词多以想收复北方失地,渴望祖国统一富强为主题,对后代的影响深远。他最有名的诗是临终绝笔《示儿》,饱含爱国之情,字字泣血。

茶水换故事
——蒲松龄

蒲松龄在考举连连失意后,在老家山东蒲家庄的老槐树下,摆了个"茶摊生意"。他立下一个规矩:只要能够说出一个故事,茶钱便分文不取。于是,南来北往的行人,在这里讲天南地北的故事,古往今来的传说。这为他写《聊斋志异》这本流芳百世的奇书汲取了众多的灵感来源。

棒打无赖
——施耐庵

施耐庵是《水浒传》的作者,他是个侠肝义胆的人,有一身好功夫。有一次,施耐庵救下一名被恶少欺负的女子,当恶少纠集一帮无赖前来报复时,施耐庵便用高强的武功吓得他们叩头认输。后来,施耐庵写《水浒传》时,还将这段亲身经历写进鲁智深在大相国寺降伏众泼皮的情节中。

巧计退玉镯
——罗贯中

《三国演义》的作者罗贯中很有智慧。有一次，有人拿假玉手镯到他家当铺当了50两银子。罗贯中得知后，当着镇上的人假装失手将玉手镯摔碎。第二天，那人拿着50两银子来赎玉镯，若当铺拿不出则要进行双倍赔付。那人正得意时，伙计却将手镯拿了出来，50两银子被成功讨回。

蒲根练字
——吴承恩

吴承恩小时候家里很穷，父亲整理好蒲根供其练字，他却不想动笔。于是，父亲便用欧阳修、岳飞练字的故事激励他。从此，吴承恩一有空就在蒲根上写字。后来他不但字练得超群出众，而且还能写出人人叹服的好文章。成年后，吴承恩创作了妇幼皆知的名著《西游记》。

佩刀质酒
——曹雪芹

乾隆二十七年（1762年）秋末，曹雪芹从山村来北京城，在一家旅店里遇见好友敦诚。二人一同来到小酒店，曹雪芹几杯落肚，高谈阔论起来。酒喝完了，两人一摸口袋，囊中空空。于是敦诚解下佩刀换了美酒。曹雪芹嗜酒健谈，性情高傲，后来家道中落，在贫寒困顿中完成了经典著作《红楼梦》。

中国古典音乐
Chinese classical music

《关山月》

《关山月》是中国古琴十大名曲之一，原为《乐府诗集》"横吹曲辞"中的曲目，后演变成琴曲。琴曲以李白的诗歌《关山月》作为歌词，饱含戍关将士感伤离别之情、马革裹尸悲怆之意。曲子短小，曲风古朴大气，是梅庵派的典型特征。

《胡笳十八拍》

《胡笳十八拍》（又称《胡笳鸣》）据传由东汉才女蔡文姬所作，为中国古代十大名曲之一。"拍"在突厥语中即为"首"，一章为一拍，共十八章，所以取名为"胡笳十八拍"。《胡笳十八拍》委婉悲伤，撕裂肝肠，反映了蔡文姬思念故乡而又不忍骨肉分离的极端矛盾的痛苦心情。

《木兰辞》

长篇叙事诗歌《木兰辞》代表了北朝乐府民歌杰出的成就，与《孔雀东南飞》并称"乐府双璧"。诗歌叙述了中国历史上的女英雄花木兰女扮男装，替父从军的故事。《木兰辞》"事奇诗奇"（沈德潜《古诗源》），富有浪漫色彩，风格刚健古朴，基本上保持了民歌特色。

中国文字演变
The evolution of Chinese characters

甲骨文

甲骨文是汉字的早期形式，是现存中国王朝时期最古老的一种成熟文字，距今 3000 多年。甲骨文的内容大部分是殷商王室占卜的纪录，因主要刻在坚硬的龟类或兽类的甲骨上而得名。甲骨文由清朝古董商、金石学家王懿荣首先发现。甲骨文具有一定体系并有比较严密的规律，内容丰富，对中国古文字研究有重要作用。

金　文

金文是指铸造在殷商与周朝青铜器上的铭文。周朝把铜也叫金，铜器上的铭文就叫作"金文"或"吉金文字"；这类铜器以钟鼎上的字数最多，过去又叫"钟鼎文"。台北故宫博物院的毛公鼎里有近 500 字的铭文，是目前所见青铜器铭文最长者。

小　篆

秦朝时期的文字就是小篆，也称"秦篆"，秦始皇统一六国后，推行"书同文，车同轨"，统一度量衡的政策，由丞相李斯负责。李斯将大篆字体删繁就简，整理出一套笔画简单，形体整齐的文字，叫作秦篆。秦始皇把它定为标准字体，通令全国使用，这就是后来的小篆。

隶 书

　　隶书也叫"隶字""古书",起源于秦朝,在东汉时期达到顶峰,书法界有"汉隶唐楷"之称。隶书分"秦隶"和"汉隶"两种,它是在小篆基础上加以简化,又把小篆匀圆的线条变成平直方正的笔画。隶书书写庄重,字形略微宽扁,横画长而直画短,讲究"蚕头燕尾""一波三折"。

楷 书

　　楷书是由隶书逐渐演变而来,更趋简化。它的特点在于横平竖直,规矩整齐,是字体中的楷模。《辞海》解释说它"形体方正,笔画平直,可作楷模",故名楷书,楷书也叫正楷、真书、正书。楷书写法在唐朝时期就已经形成。欧阳询、颜真卿、柳公权、赵孟頫为楷书四大家。

中国古代六艺
The six arts of ancient China

礼

"礼"就是礼节,是指古代社会生活中的五种重大事件的礼仪和制度,即"五礼",包括吉礼、宾礼、军礼、凶礼、嘉礼。对古代学生而言,"礼"是最重要的学习内容,"礼"在中国古代是社会的典章制度和道德规范。孔子就曾说过:不知礼,无以立也。

乐

"六艺"中的"乐"指的是音乐、舞蹈等。"乐"分六乐是指云门、大咸、大韶、大夏、大濩、大武。古代的礼乐制度等级非常严明,在不同场合,适用于不同身份和地位的人。学生13岁舞勺,所以13岁也叫"舞勺之年"。除此之外,还有"象""大夏"等舞。

射

"射"即射箭和弹弓,它不但是一种体育活动,更是一种修身养性培养君子风度的方法。军事射箭技术分五射:白矢、参连、剡注、襄尺、井仪。白矢,箭穿靶子而箭头发白,表明发矢准确而有力;参连,前放一矢,后三矢连续而去,矢矢相属,若连珠之相衔;剡注,谓矢行之疾;襄尺,臣与君射,臣与君并立,让君一尺而退;井仪,四矢连贯,皆正中目标。

御

"御"和"射"有密切的联系，在当时均属于武学之教。"御"原是在当时车战中驾车的一门实用技术。在六艺中，它被改造为一门带有礼仪审美色彩的技艺。据史料记载，孔子就是个驾车能手。"御"包括五御：鸣和鸾、逐水曲、过君表、舞交衢、逐禽左。

书

"六艺"中的"书"指的不是现代的书本，而是指书法（书写、识字、作文）。中国汉字有六种造字方法，被称为"汉字六书"，即象形、指事、会意、形声、转注和假借。其中象形、指事、会意、形声主要是"造字法"，转注、假借是"用字法"。

数

"六艺"中的"数"，一般称为"九数"，是指"数"有九个细目，即方田、粟米、差分、少广、商功、均输、方程、赢不足、旁要。西汉时期的《九章算术》就是根据"九数"编撰的。《九章算术》是当时世界上最简练有效的应用数学，它的出现标志中国古代数学形成了完整的体系。

中国地方特产
Local products of China

莫教姜桂独成功
——韩城花椒

陕西韩城花椒被称为"中华名椒",距今已有600多年的栽培历史,兼具调味、粮食防虫、防牙痛等多种用途。韩城大红袍花椒更是陕西省韩城市特产,以"粒大肉丰、色泽鲜艳、香气浓郁、麻味纯正"而闻名。

蟹中之冠
——阳澄湖大闸蟹

阳澄湖大闸蟹是江苏省苏州市特产,又名金爪蟹,产于苏州阳澄湖。其历史悠久,中国已有近5000多年的吃蟹历史。《辞海》中记载:"阳澄湖……水产资源丰富,富灌溉、养殖之利,以产河蟹著名。"据说大禹治水时,有个叫巴解的督工因胆大而成为品尝阳澄湖大闸蟹的第一人。

山西老陈醋

山西老陈醋,发源于晋阳(今太原),是中国四大名醋之一,素有"天下第一醋"的盛誉。山西醋主要分为熏醋和陈醋,以太原益源庆和清徐老陈醋最为有名。醋又称苦酒,不仅可以烹调作料,还是一味中药,有四大保健功效:一是降血压、防止动脉硬化;二是杀菌;三是防止和消除疲劳;四是滋润皮肤。

杭州丝绸

丝绸是中国的特产，从西汉起不断运往西方，故从中国到西方去的大路被称为"丝绸之路"，中国也被称为"丝国"。杭州有"丝绸之府"的称誉，白居易"红袖织绫夸柿蒂，青旗沽酒趁梨花"的诗句就是描写杭州织绫女织艺的精巧。如今，杭州常年生产绸、缎、绵、纺、绉、绫、罗等十四个大类。